# Dwayne

Por United Library

**https://campsite.bio/unitedlibrary**

SCAN ME

# Índice

# Descargo de responsabilidad

Este libro biográfico es una obra de no ficción basada en la vida pública de una persona famosa. El autor ha utilizado información de dominio público para crear esta obra. Aunque el autor ha investigado a fondo el tema y ha intentado describirlo con precisión, no pretende ser un estudio exhaustivo del mismo. Las opiniones expresadas en este libro son exclusivamente las del autor y no reflejan necesariamente las de ninguna organización relacionada con el tema. Este libro no debe tomarse como un aval, asesoramiento legal o cualquier otra forma de consejo profesional. Este libro se ha escrito únicamente con fines de entretenimiento.

# Introducción

Dwayne Johnson ofrece una mirada en profundidad a la extraordinaria vida y carrera de Dwayne Douglas Johnson, conocido por el mundo como "La Roca". Desde sus primeros días como prometedor jugador de fútbol americano en la Universidad de Miami hasta convertirse en una leyenda de la lucha libre en la WWE durante la Attitude Era, y finalmente, su ascenso hasta convertirse en uno de los actores más reconocidos y mejor pagados de Hollywood, este libro narra el extraordinario viaje de un auténtico icono.

En el mundo de la lucha libre profesional, el carisma de Dwayne Johnson, su electrizante personalidad y su contundente forma de hablar lo convirtieron en una figura central durante la época dorada de la industria. Con una carrera de ocho años que batió récords, incluidos 10 campeonatos mundiales, consolidó su legado como uno de los más grandes de la historia de este deporte.

Pero Johnson no se detuvo ahí. Este libro explora su transición al mundo de la interpretación, donde rápidamente se convirtió en una fuerza a tener en cuenta. Desde éxitos de taquilla llenos de acción como "Fast & Furious" y "Jumanji" hasta películas para toda la familia como "The Game Plan" y "Moana", la presencia en pantalla de Dwayne Johnson cautiva a públicos de todas las edades.

Más allá de la gran pantalla, el espíritu emprendedor de Johnson le llevó a crear Seven Bucks Productions y a ser copropietario de la XFL. Su influencia va más allá del mundo del espectáculo, como demuestra su reconocimiento como una de las personas más influyentes del mundo por la revista Time.

Este libro es un retrato completo e inspirador de un hombre que ha conquistado múltiples escenarios, ha redefinido lo que significa ser una superestrella mundial y ha dejado una huella indeleble en la cultura pop. Este libro es una lectura obligada para los fans y admiradores del increíble viaje de The Rock hacia el éxito.

# Dwayne Johnson

Dwayne Douglas Johnson (nacido el 2 de mayo de 1972), también conocido por su nombre artístico The Rock, es un actor, productor de cine y luchador profesional retirado estadounidense. Considerado por muchos como uno de los mejores luchadores profesionales de todos los tiempos, contribuyó decisivamente al desarrollo y el éxito de la World Wrestling Federation (WWF, ahora WWE) durante la Attitude Era, un periodo de auge de la industria a finales de la década de 1990 y principios de la de 2000. Johnson luchó en la WWF durante ocho años antes de dedicarse a la interpretación. Sus películas han recaudado más de 3.500 millones de dólares en Norteamérica y más de 10.500 millones en todo el mundo, lo que le convierte en uno de los actores más taquilleros y mejor pagados del mundo.

Tras aceptar una beca deportiva para jugar al fútbol en la Universidad de Miami, formó parte del equipo campeón nacional de 1991, pero fue en gran medida un jugador suplente. A pesar de sus aspiraciones al fútbol profesional, no fue seleccionado en el draft de la NFL de 1995, y firmó brevemente con los Calgary Stampeders antes de ser despedido en su primera temporada. En 1996, Rocky, el padre de Johnson, le ayudó a conseguir un contrato con la WWF. Johnson alcanzó rápidamente la fama mundial, ayudado por un truco que empleó como charlatán carismático. Johnson dejó la WWE en 2004 y regresó en 2011 como un artista a tiempo parcial hasta 2013, haciendo apariciones esporádicas hasta retirarse en 2019. Diez veces campeón mundial, incluido el primero de la promoción de ascendencia afroamericana, también es dos veces campeón intercontinental, cinco veces campeón Tag Team, ganador del Royal Rumble 2000 y sexto campeón de la Triple Corona de la WWE. Johnson encabezó el pay-per-view de lucha libre profesional más comprado (WrestleMania XXVIII) y figuró entre los episodios más vistos de las series de televisión insignia de la WWE (*Raw* y *SmackDown*).

El primer papel cinematográfico de Johnson fue en *El regreso de la momia* (2001). Al año siguiente, interpretó su primer papel protagonista en la película de acción y fantasía *El rey escorpión*. Desde entonces ha protagonizado las películas familiares *The Game Plan* (2007), *Race to Witch Mountain* (2009), *Tooth Fairy* (2010), *Jumanji: Bienvenidos a la jungla* (2017), *Jumanji: The Next Level* (2019) y *Jungle Cruise* (2021), y las películas de acción *Viaje 2: La isla misteriosa* (2012), *G.I. Joe: Retaliation (*2013), *Hércules* (2014), *Rascacielos* (2018), *San Andreas* (2015) y *Rampage* (2018). También protagonizó las películas de acción y comedia *Get Smart (2008*), *Central Intelligence* (2016), *Baywatch* (2017) y *Red Notice* (2021). Su papel de Luke Hobbs en las películas de

*Fast & Furious*, a partir de *Fast Five* (2011), ayudó a que la franquicia se convirtiera en una de las más taquilleras del cine. Se unió al Universo Extendido de DC interpretando el papel titular en *Black Adam (2022*). También es conocido por poner voz a Maui en la película de animación de Disney *Moana* (2016) y está previsto que repita el papel en el próximo remake de acción real.

Johnson produjo y protagonizó la serie cómico-dramática de HBO *Ballers* (2015-2019) y la sitcom autobiográfica *Young Rock* (2021). Su autobiografía, *The Rock Says*, se publicó en 2000 y fue un bestseller *del New York Times*. En 2012, cofundó la productora de entretenimiento Seven Bucks Productions. Johnson es copropietario de la XFL, una liga profesional de fútbol americano, que adquirió al propietario de la WWE, Vince McMahon, por 15 millones de dólares en 2020. En 2016 y 2019, *Time* nombró a Johnson una de las personas más influyentes del mundo.

# Primeros años

Johnson nació en Hayward, California, el 2 de mayo de 1972, hijo de Ata Johnson (de soltera Maivia) y del ex luchador profesional Rocky Johnson (nacido Wayde Douglas Bowles). Durante su infancia, vivió brevemente en Grey Lynn, en Auckland (Nueva Zelanda), con la familia de su madre, donde jugó al rugby y asistió a la Richmond Road Primary School antes de regresar a Estados Unidos.

El padre de Johnson era un negro de Nueva Escocia con una pequeña ascendencia irlandesa. Su madre es samoana. Su padre y Tony Atlas fueron los primeros campeones negros por equipos de la historia de la WWE, en 1983. Su madre es hija adoptiva de Peter Maivia, que también fue luchador profesional. La abuela materna de Johnson, Lia, fue una de las primeras mujeres promotoras de lucha libre profesional. Tras la muerte de su marido en 1982, se hizo cargo de la Polynesian Pacific Pro Wrestling y la dirigió hasta 1988. A través de su abuelo materno Maivia, Johnson es un pariente no consanguíneo de la familia Anoa'i de la lucha libre. En 2008, incluyó a su padre y a su abuelo en el Salón de la Fama de la WWE.

Johnson asistió a la Montclaire Elementary School de Charlotte, Carolina del Norte, antes de trasladarse a Hamden, Connecticut, donde asistió a la Shepherd Glen

Elementary School y luego a la Hamden Middle School. Estudió en el President William McKinley High School de Honolulu y después en el Glencliff High School y el McGavock High School, ambos en Nashville, y luego en el Freedom High School del municipio de Bethlehem, en Lehigh Valley, donde se graduó en 1990.

En el Freedom High School, Johnson tuvo dificultades al principio y se vio arrastrado a una cultura de conflictos y delitos menores. A los 17 años, había sido detenido varias veces por peleas, robo y fraude con cheques, y fue suspendido dos semanas por pelearse. El periódico local lo llamó más tarde "un adolescente problemático con un historial de roces con la policía". Pero el entrenador de fútbol americano del instituto Freedom, Jody Cwik, vio potencial atlético en Johnson y lo reclutó para unirse al equipo de fútbol, donde jugaba de tackle defensivo. La experiencia supuso el comienzo de una transformación personal para Johnson. "Mi forma de pensar empezó a cambiar. Fue entonces cuando empecé a pensar en objetivos y en lo que quería conseguir", ha dicho desde entonces sobre su experiencia futbolística en el instituto.

Además de jugar al fútbol, Johnson también fue miembro de los equipos de atletismo y lucha libre del instituto Freedom. Al igual que el equipo de fútbol americano, los equipos de atletismo y lucha libre competían en la Eastern Pennsylvania Conference (EPC), una conferencia de atletismo de secundaria conocida por ser una de las mejores del país. Los programas de lucha de la EPC han sido clasificados como los mejores del país por la revista *WIN* y han sido descritos como "uno de los mejores del país en este deporte durante casi tres décadas", y Johnson no tardó en enfrentarse a algunos de los luchadores de instituto más destacados del país.

En su último año de instituto, Johnson sólo había jugado dos años al fútbol, pero el hecho de que hubiera destacado en un equipo de una división atlética de élite de instituto conocida a nivel nacional por producir una larga lista de atletas de nivel profesional y olímpico, entre los que se encontraban las futuras estrellas de la NFL Andre Reed, Saquon Barkley y Kyzir White, llamó la atención de los programas universitarios de la División I de la NCAA. Los reclutadores universitarios de fútbol clasificaron a Johnson como uno de los diez mejores tackles defensivos de instituto del país. Optó por aceptar una oferta de beca deportiva completa de la Universidad de Miami, cuyo programa de fútbol era entonces uno de los mejores del país.

# Carrera futbolística

**Carrera universitaria**

Como hizo en el instituto, Johnson siguió jugando de tackle defensivo en la Universidad de Miami. Fue miembro del equipo de fútbol americano de los Miami Hurricanes durante su primer año en 1991, y ganó el campeonato nacional de ese año. A pesar de jugar cuatro años allí, Johnson se encontró por detrás de jugadores de élite en la tabla de profundidad, incluida la futura estrella de la NFL y miembro del Salón de la Fama del Fútbol Americano Profesional Warren Sapp, y apareció principalmente en funciones de reserva. Durante su estancia en Miami, Johnson jugó 39 partidos y fue titular en uno. Logró 4,25 sacks y 77 placajes.

En 1995, Johnson se licenció en Estudios Generales con una doble especialización en criminología y fisiología. También fue uno de los oradores estudiantiles más prolíficos de la universidad en la comunidad del área de Miami, transmitiendo con frecuencia mensajes positivos sobre sus propias luchas y animando a los estudiantes a permanecer en la escuela y evitar los peligros del consumo de drogas.

**Liga Canadiense de Fútbol**

Tras graduarse, Johnson fue fichado por los Calgary Stampeders de la Liga Canadiense de Fútbol. Calgary lo cambió de tackle defensivo a linebacker. Se le asignó a la lista de prácticas del Calgary, pero fue despedido a los dos meses de la temporada 1995 del Calgary.

# Carrera profesional en la lucha libre

**Primeros años de carrera (1996)**

Tras ser despedido por el Calgary, Johnson comenzó su carrera como luchador profesional al año siguiente, en 1996. El veterano luchador Pat Patterson le consiguió varios combates de prueba con la World Wrestling Federation (WWF) en 1996. Luchando al principio con su nombre real, Johnson derrotó a The Brooklyn Brawler en un house show celebrado el 10 de marzo y perdió combates contra Chris Candido y Owen Hart. Tras luchar en la United States Wrestling Association de Jerry Lawler bajo el nombre de Flex Kavana y ganar dos veces el campeonato por equipos de la USWA con su compañero Bart Sawyer en el verano de 1996, Johnson firmó un contrato con la WWF. Recibió formación adicional de Tom Prichard, junto a Achim Albrecht y Mark Henry.

**Federación Mundial de Lucha Libre / World Wrestling Entertainment**

**Debut; Campeón Intercontinental (1996-1997)**

Johnson debutó en la WWF como Rocky Maivia, una combinación de los nombres de su padre y su abuelo, aunque los presentadores reconocieron su verdadero nombre. Al principio se mostró reacio a adoptar este nombre artístico, pero Vince McMahon y Jim Ross le convencieron. Se le dio el apodo de "Blue Chipper" y, para resaltar su linaje, se le promocionó como el primer luchador de tercera generación de la WWF. Maivia, un personaje de rostro limpio, fue muy promocionado desde el principio a pesar de su inexperiencia en la lucha libre. Debutó en *Monday Night Raw como* miembro del séquito de Marc Mero el 4 de noviembre de 1996. Su primer combate fue en Survivor Series, el 17 de noviembre de 1996, en un combate de eliminación de ocho hombres; fue el único superviviente y eliminó a los dos últimos miembros del equipo contrario, Crush y Goldust. El 13 de febrero de 1997, ganó el Campeonato Intercontinental a Hunter Hearst Helmsley en *Monday Night Raw*. Maivia defendió con éxito el título contra Helmsley en In Your House 13: Final Four.

El primer combate de Johnson en WrestleMania se produjo en WrestleMania 13, el 23 de marzo de 1997, donde salió victorioso en su defensa del Campeonato Intercontinental contra The Sultan. Los fans de la WWF empezaron a rechazar su personaje y su empuje desde la empresa. Derrotó a Bret Hart por descalificación en una defensa del título en el episodio del 31 de marzo de *Raw is War*. Entre bastidores, Hart fue el mentor de Johnson durante su primer año en la WWF y se negó a ser contratado para quitarle el título. El 20 de abril, en In Your House 14: Revenge of the 'Taker, perdió ante Savio Vega por countout, pero retuvo el título. El público se volvió cada vez más hostil hacia Maivia, con cánticos de "muere, Rocky, muere" y "Rocky apesta" durante sus combates.

Tras perder el Campeonato Intercontinental ante Owen Hart en el episodio *Raw Is* War del 28 de abril de 1997, Maivia sufrió una lesión legítima de rodilla en un combate contra Mankind en junio de 1997 y pasó varios meses recuperándose.

**Nación de dominación (1997-1998)**

A su regreso en agosto de 1997, Maivia se convirtió en heel por primera vez en su carrera al arremeter contra los aficionados que le habían abucheado y unirse a Faarooq, D'Lo Brown y Kama en el establo llamado Nation of Domination. A continuación, se negó a reconocer el nombre de Rocky Maivia, refiriéndose a sí mismo en tercera persona como The Rock, aunque se le seguiría llamando "The Rock" Rocky Maivia hasta 1998. The Rock insultaba regularmente al público, a los artistas de la WWF y a los entrevistadores en sus promos.

En D-Generation X: In Your House, el 7 de diciembre de 1997, Stone Cold Steve Austin derrotó a The Rock en menos de seis minutos para retener el Campeonato Intercontinental. La noche siguiente, en *Raw Is War*, el Sr. McMahon ordenó a Austin que defendiera el título en la revancha, pero en lugar de ello lo cedió a The Rock, entregándole el cinturón antes de golpearle con el *Stone Cold Stunner*. The Rock se enfrentó a Austin y Ken Shamrock a finales de 1997 y principios de 1998. El 19 de enero de 1998, en el Royal Rumble, The Rock derrotó a Shamrock por descalificación para retener el título Intercontinental. Más tarde, esa misma noche, participó en el Royal Rumble y duró hasta los dos últimos antes de ser eliminado por Stone Cold Steve Austin. El 29 de marzo, en WrestleMania XIV, derrotó a Shamrock por descalificación una vez más para retener el título. La noche siguiente, en *Raw is War*, The Rock estrenó un nuevo diseño del Campeonato Intercontinental y más tarde derrocaría a Faarooq como líder de la Nación de la Dominación para desencadenar un feudo entre ambos. A continuación, defendió con éxito el título Intercontinental contra Faarooq en Over the Edge: In Your House el 31 de mayo. A partir de entonces, la cuadra se denominaría simplemente "The Nation".

The Rock y The Nation se enfrentaron entonces a Triple H y D-Generation X, y los dos líderes de las cuadras se vieron las caras por primera vez en los cuartos de final del torneo King of the Ring de 1998, que ganó The Rock. En King of the Ring, The Rock derrotó a Dan Severn en el combate de semifinales y perdió ante su rival Ken Shamrock en la final. A continuación, The Rock reanudó su enfrentamiento con Triple H, ya que ambos tuvieron un combate a dos de tres caídas en Fully Loaded: In Your House por el título Intercontinental, que La Roca retuvo de forma controvertida. Esto llevó a un combate de escaleras en SummerSlam el 30 de agosto de 1998, donde The Rock perdió el título.

En la segunda mitad de 1998, The Rock experimentó un gran aumento del apoyo de sus fans. También empezó a consolidar su famoso personaje, que duraría hasta 2000. Su popularidad le llevó a enfrentarse a sus compañeros de la Nación Mark Henry y D'Lo Brown, convirtiéndose en un rostro infantil en el proceso. Henry le derrotó en Judgment Day: In Your House el 18 de octubre de 1998, tras la interferencia de Brown, lo que supuso la disolución de la cuadra.

**Campeón de la WWF y ascenso al estrellato (1998-2000)**

The Rock fue inscrito entonces en el torneo "Deadly Game" por el Campeonato vacante de la WWF. La final tuvo lugar en Survivor Series el 15 de noviembre de 1998, donde The Rock derrotó a Mankind, socio de Vince McMahon, para ganar su primer Campeonato de la WWF. A continuación se produjo un "doble giro", ya que The Rock volvió a convertirse en heel tras aliarse con Vince y Shane McMahon como la joya de la corona de su establo,

The Corporation, después de que los McMahon traicionaran a Mankind. El 13 de diciembre de 1998, en el pay-per-view que llevaba su nombre, Rock Bottom: In Your House, The Rock tuvo una revancha con Mankind por el Campeonato de la WWF. Mankind pareció ganar el combate cuando la Roca se desmayó ante el movimiento de sumisión Mandible Claw, pero Vince McMahon dictaminó que como la Roca no se desmayó, conservaba su título.

En el evento principal del episodio *Raw Is* War del 4 de enero de 1999, Mankind derrotó a The Rock por el campeonato tras la interferencia de Stone Cold Steve Austin. Posteriormente, en el Royal Rumble del 24 de enero de 1999, The Rock recuperó el título en un combate "I Quit", un tipo de combate de sumisión que sólo termina si uno de los combatientes dice "I quit" por el micrófono. Con la intención de mostrar la vena despiadada del personaje de The Rock, éste golpeó a Mankind en la cabeza con una silla de acero 11 veces en lugar de las cinco previstas en el guión, ya que cinco golpes ya eran arriesgados (la mayoría de los combates de lucha libre de la Attitude Era en los que se utilizaban sillas de acero tenían como máximo 2 ó 3 golpes en la cabeza). Tras el quinto golpe, Mankind seguía en ringside en lugar de estar a dos tercios de la rampa de entrada, donde se suponía que debía estar, y tras el undécimo golpe, que noqueó a Mankind, se reprodujo por megafonía una grabación de Mankind diciendo "I Quit" (Renuncio) en una entrevista anterior. El 31 de enero, durante un episodio de *Sunday Night Heat*, The Rock y Mankind participaron en un Empty Arena match, un combate que tuvo lugar en una arena con 22.000 asientos vacíos donde cualquier parte de las instalaciones podía utilizarse para disputar el combate. Tras 20 minutos de peleas caóticas en el ring, las gradas, una cocina, la zona de catering, una oficina, los pasillos de la arena y, por último, una zona de carga en el sótano, Mankind venció a The Rock utilizando una carretilla elevadora para ganar el título de la WWF. Este combate se conoció como "Halftime Heat", ya que fue televisado durante el descanso de la Super Bowl de ese año. Los dos se enfrentaron de nuevo, en St. Valentine's Day Massacre: In Your House el 14 de febrero de 1999, en un combate Last Man Standing que terminó en empate, por lo que Mankind retuvo el título. Su enfrentamiento terminó el 15 de febrero en *Raw Is War*, cuando The Rock ganó su tercer Campeonato de la WWF en un Ladder Match después de que el debutante Big Show interfiriera en su favor. The Rock perdió el Campeonato de la WWF ante Stone Cold Steve Austin en WrestleMania XV el 28 de marzo de 1999.

La popularidad de The Rock siguió creciendo y el público seguía animándole a pesar de ser un heel. Luego perdió la revancha por el título contra Stone Cold Steve Austin en Backlash: In Your House el 25 de abril de 1999. La noche siguiente en *Raw is War* fue despedido de la Corporación después de ser traicionado por Shane McMahon, convirtiéndole de nuevo en face y comenzando un feudo con Triple H, The Undertaker y The Corporate Ministry. El 29 de abril de 1999, la WWF emitió el episodio piloto de *SmackDown!*, término derivado de uno de los eslóganes de La Roca. En el episodio, The Rock continuó su enfrentamiento con The Corporate Ministry. Esto llevó a un combate con Triple H, en Over the Edge el 23 de mayo de 1999, que ganó The Rock, y a un combate por el Campeonato de la WWF contra The Undertaker, en King of the Ring, que perdió The Rock. A continuación, The Rock perdió un combate de aspirante número uno contra Triple H, en Fully Loaded, tras la interferencia de "Mr. Ass" Billy Gunn. The Rock derrotó a Gunn en un combate Kiss My Ass en SummerSlam el 22 de agosto de 1999. The Rock también tuvo el privilegio de tener su propio combate de firma, al igual que The Undertaker con el Buried Alive match, Kane con el Inferno Match y Mankind con el Boiler Room Brawl: el Brahma Bullrope match, una variante de un strap match era un combate individual normal en el que los componentes se ataban con una cuerda utilizada para la ganadería, y tanto la cuerda como su cencerro podían utilizarse como armas. The Rock disputó este combate dos veces, ambas en Texas (contra Triple H en Dallas, y contra Al Snow en Houston).

Poco después de SummerSlam, The Rock comenzó a formar equipo con su antiguo oponente Mankind y ambos se hicieron conocidos como Rock 'n' Sock Connection. Se convirtieron en campeones por equipos de la WWF por primera vez tras derrotar a The Undertaker y Big Show en el episodio *Raw is War* del 30 de agosto de 1999. Los dos realizaron una serie de sketches cómicos aclamados por la crítica, incluyendo uno llamado "This Is Your Life", en el que Mankind traía a la televisión versiones paródicas de personas del pasado de The Rock, como su novia del instituto y su entrenador de fútbol del instituto, sólo para que The Rock los insultara. El segmento obtuvo un rating de 8,4 Nielsen, uno de los ratings más altos de la historia para un segmento de *Raw*. Los dos perdieron los títulos ante Undertaker y Big Show en el episodio del 9 de septiembre de *SmackDown!* y los recuperaron ante ellos en el episodio del 20 de septiembre de *Raw is War*. Rock y Mankind perdieron los títulos ante The New Age Outlaws en el siguiente episodio de *SmackDown*. Rock y Mankind ganarían los títulos por tercera y última vez después de vencer a los New Age Outlaws en el episodio del 14 de octubre de *SmackDown*, antes de perder los títulos ante The Holly Cousins en el episodio del 18 de octubre de *Raw is War*.

En el Royal Rumble, el 23 de enero de 2000, The Rock participó en el combate Royal Rumble y fue uno de los dos últimos que quedaron, junto con Big Show. En un intento de "falso final", Big Show intentó lanzar a la Roca por encima de la cuerda superior en una posición similar a un powerslam en carrera, antes de que la Roca contrarrestara el movimiento en la plataforma del ring, enviando a Big Show al suelo antes de volver a entrar en el ring como ganador. Pero los pies de The Rock tocaron accidentalmente el suelo durante el intento de inversión, aunque los que vieron el evento por televisión no lo vieron. Big Show proporcionó imágenes de vídeo adicionales que lo mostraban y afirmó ser el legítimo ganador. El número uno de The Rock para el Campeonato de la WWF se puso entonces en juego contra Big Show en No Way Out el 27 de febrero de 2000, que Big Show ganó después de que Shane McMahon interfiriera. The Rock derrotó a Big Show en el episodio del 13 de marzo de *Raw Is War*, para recuperar el derecho a enfrentarse al Campeón de la WWF, Triple H, en WrestleMania 2000 el 2 de abril, en un Fatal Four-way elimination match, incluyendo también a Big Show y Mick Foley. Cada luchador tenía un McMahon en su esquina: Triple H tenía a su esposa Stephanie, Foley a Linda, The Rock a Vince y Big Show a Shane. The Rock aguantó hasta los dos últimos, pero fue eliminado por Triple H después de que Vince le traicionara golpeándole con una silla.

Debido a su imagen en aquella época, un arquetipo de baraja de Magic: The Gathering recibió su nombre.

**Campeón del mundo de récords (2000-2002)**

En las semanas siguientes, The Rock continuó su enfrentamiento con Triple H y finalmente ganó su cuarto Campeonato de la WWF, que consiguió el 30 de abril en Backlash, después de que Stone Cold Steve Austin interviniera en su favor. La noche siguiente, en *Raw*, defendió con éxito su título contra Shane McMahon en un combate Steel Cage. El 21 de mayo, en Judgment Day, The Rock se enfrentó a Triple H en un combate Iron Man con Shawn Michaels como árbitro invitado especial. Con el marcador empatado a cinco caídas cada uno, y con segundos restantes en el límite de tiempo, The Rock fue descalificado cuando The Undertaker atacó a Triple H, dando así a Triple H la victoria por 6-5 y el título. The Rock ganó el Campeonato de la WWF por quinta vez en King of the Ring el 25 de junio al anotar el pin ganador en un combate por equipos de seis hombres, formando equipo con Kane y The Undertaker contra Shane McMahon, Triple H y Vince McMahon, a quien inmovilizó. The Rock defendió con éxito el campeonato contra Chris Benoit, el 23 de julio, en Fully Loaded. Al mes siguiente, defendió con éxito su título contra Kurt Angle y Triple H en SummerSlam. The Rock volvió a defender con éxito el título contra Benoit, Kane y The Undertaker el 24 de septiembre en Unforgiven.

The Rock perdió entonces el Campeonato de la WWF ante Kurt Angle, en No Mercy, el 22 de octubre de 2000. Al mes siguiente, The Rock se enfrentó a Rikishi y lo derrotó en Survivor Series. The Rock luchó en un combate Hell in a Cell de seis hombres por el Campeonato de la WWF, en Armageddon, que Angle ganó para retener el título. ¡En el episodio del 18 de diciembre de *Raw*, The Rock ganó el Campeonato Tag Team de la WWF con The Undertaker, derrotando a Edge y Christian, antes de perderlo de nuevo contra ellos la noche siguiente en una grabación de *SmackDown!* En 2001, The Rock continuó luchando con Angle por el Campeonato de la WWF, culminando en No Way Out el 25 de febrero de 2001, donde venció a Angle para ganar el Campeonato de la WWF por sexta vez. The Rock se enfrentó entonces al ganador del Royal Rumble, Stone Cold Steve Austin, ante quien perdió el título en WrestleMania X-Seven después de que Austin se aliara con Vince McMahon, que interfirió en su favor. En el programa *Raw Is War* de la noche siguiente, durante una revancha por el título en una jaula de acero, Triple H atacó a The Rock, aliándose con McMahon y Austin y ayudando a Austin a retener el campeonato. Austin y Triple H formaron entonces un equipo llamado The Power Trip, mientras que The Rock fue suspendido indefinidamente en la historia. Johnson aprovechó este tiempo libre para actuar en *The Scorpion King*.

The Rock regresó a finales de julio de 2001, cuando la WWF se enfrentaba a las promociones rivales World Championship Wrestling (WCW) y Extreme Championship Wrestling (ECW) durante lo que se conoce como la historia de La invasión. En realidad, la WCW fue adquirida por Vince McMahon y la WWF, y la ECW había quebrado a principios de 2001. Muchos antiguos luchadores de WCW y ECW fueron llevados a la televisión de la WWF y formaron La Alianza para competir con la WWF en la historia. La Alianza y Vince McMahon intentaron convencer a The Rock para que se uniera a su equipo. The Rock se alió entonces con McMahon y la WWF. Al mes siguiente, la Roca derrotó a Booker T, en SummerSlam, para ganar el Campeonato de la WCW por primera vez. Más tarde perdió el título ante Chris Jericho en No Mercy el 21 de octubre de 2001. La noche siguiente, en *Raw*, formó equipo con Jericho para ganar el WWF Tag Team Championship a los Dudley Boyz. Ambos perdieron los títulos ante Booker T y Test en el episodio de *SmackDown* del 1 de noviembre de 2001. The Rock derrotó a Jericho en el episodio del 5 de noviembre de *Raw* por su segundo Campeonato de la WCW.

Como parte de la lucha de la WWF contra la Alianza, La Roca luchó en Survivor Series en un combate por equipos de cinco contra cinco, en el que el ganador se lo llevaba todo y la empresa del equipo perdedor se disolvía. Era miembro del equipo WWF junto con Chris Jericho, The

Undertaker, Kane y Big Show. El equipo de la Alianza estaba formado por Stone Cold Steve Austin, Kurt Angle, Booker T, Rob Van Dam y Shane McMahon. Al final, todo se redujo a un mano a mano entre The Rock y Stone Cold Steve Austin. La Roca parecía tener la sartén por el mango, hasta que su compañero Jericho entró en el ring y atacó a la Roca. Austin trató de sacar provecho de esto, pero Kurt Angle reveló su verdadera lealtad atacando a Austin. La roca entonces inmovilizó a Austin, dando al equipo WWF la victoria y forzando a la alianza a disolverse. Tras la derrota de la Alianza, el Campeonato de la WCW de The Rock pasó a llamarse "Campeonato Mundial", sin marca. En el siguiente pay-per-view, Vengeance, el 9 de diciembre de 2001, The Rock perdió el Campeonato Mundial ante Jericho, quien unificaría los títulos Mundial y de la WWF esa misma noche. The Rock retó entonces sin éxito a Jericho por el ahora indiscutible Campeonato de la WWF en Royal Rumble el 20 de enero de 2002.

En el siguiente pay-per-view, No Way Out, celebrado el 17 de febrero de 2002, The Rock derrotó a The Undertaker en un combate individual. El evento también vio el debut en la WWF de la famosa facción de la WCW New World Order, que en ese momento estaba formada por "Hollywood" Hulk Hogan, Kevin Nash y Scott Hall. Esto llevó más tarde a un combate entre The Rock y Hogan en WrestleMania X8 el 17 de marzo de 2002. El combate se presentó como "icono contra icono", en el que ambos representaban el nivel más alto de dos generaciones de lucha libre; finalmente, la Roca derrotó a Hogan en WrestleMania X8 y ganó el combate. A pesar de que Rock representaba a un personaje heroico y Hogan a un villano, una parte del público que asistió al SkyDome apoyaba firmemente a Hogan. En una entrevista en 2013, Hogan dijo que él y The Rock cambiaron el estilo del combate sobre la marcha basándose en la respuesta del público. Tras la introducción de la primera extensión de marca de la historia, la WWF celebró una "lotería de draft" en el episodio *Raw* del 25 de marzo de 2002. The Rock fue el elegido número uno, y se fue a la marca SmackDown! antes de tomarse un año sabático de la lucha libre.

The Rock regresó por sorpresa en un episodio de junio de *Raw* antes de pasar a su marca asignada, SmackDown. Allí fue nombrado aspirante número uno al Campeonato Undisputed de la WWE, que ganó por séptima vez en Vengeance, el 21 de julio, al derrotar a Kurt Angle y al entonces campeón The Undertaker en un combate de triple amenaza. The Rock defendió con éxito el título en el evento Global Warning contra Triple H y Brock Lesnar después de inmovilizar a Triple H. El 25 de agosto, en SummerSlam, después de la interferencia del gerente de Lesnar, Paul Heyman, The Rock perdió el Campeonato Undisputed de la WWE ante Lesnar junto con el récord del Campeón más joven de la WWE, que había establecido en 1998. En 2018, escribiendo para *ESPN.com*, Sean Coyle señaló en una revisión retrospectiva del evento, que después de su victoria sobre Hulk Hogan en WrestleMania X8, The Rock "comenzó a ver una caída en el apoyo de los fanáticos" y "esa caída se convirtió en una caída en picado" para cuando Rock tuvo su combate con Lesnar en SummerSlam porque los fanáticos sabían que estaba dejando la WWE para seguir una carrera como actor, como lo demuestra la respuesta negativa de la multitud durante su combate con Lesnar. Tras SummerSlam, Rock estaba visiblemente enfadado por la reacción del público. Cuando intentó pronunciar un discurso para el público, éste le abucheó. The Rock se tomó un tiempo libre para iniciar su carrera como actor.

**Últimos enfrentamientos y abandono (2003-2004)**

The Rock regresó en el episodio del 30 de enero de 2003 de *SmackDown!* para preparar otro combate con Hulk Hogan en No Way Out. Debido a la reacción negativa de los aficionados durante los combates anteriores como consecuencia de su incipiente carrera como actor, The Rock se convirtió en heel por primera vez desde 1999. También comenzó un nuevo personaje que ha sido llamado *Hollywood Rock*, con un nuevo look y la cabeza rapada. The Rock derrotó a Hogan en No Way Out antes de pasar a la marca Raw. Allí, tuvo varios feudos pequeños, incluyendo uno con The Hurricane. También comenzó a realizar "Conciertos de Rock", segmentos en los que tocaba la guitarra y se burlaba de los artistas de la WWE y los aficionados en la canción.

Tras fracasar en su intento de ganar el Campeonato Mundial de los Pesos Pesados, The Rock inició otro programa con Stone Cold Steve Austin. Esto condujo a un combate en WrestleMania XIX el 30 de marzo de 2003, que recordaba sus dos enfrentamientos anteriores en WrestleMania, ambos ganados por Austin. The Rock ganó después de realizar tres *Rock Bottoms* consecutivos, poniendo fin a su larga rivalidad en lo que resultó ser el último combate de Austin. La noche siguiente, *Raw* fue anunciada como "The Rock Appreciation Night", en honor a su victoria sobre Austin. Esa noche, fue atacado por el debutante Goldberg. En Backlash, el 27 de abril de 2003, Goldberg derrotó a The Rock, que abandonó brevemente la WWE para rodar *Walking Tall.*

Durante el resto del año, The Rock hizo apariciones esporádicas, volviendo a un personaje facial. En 2004, The Rock ayudó a Mick Foley en su lucha contra Evolution, lo que llevó a la reunión de Rock 'n' Sock Connection. Perdieron contra Ric Flair, Randy Orton y Batista en un combate de hándicap en WrestleMania XX el 14 de marzo de 2004, cuando Orton aplastó a Foley tras un *RKO*. Este fue el último combate de Johnson hasta noviembre de 2011. The Rock apareció en WWE esporádicamente después de WrestleMania XX. Hizo regresos para proporcionar apoyo a Eugene contra Jonathan Coachman, e hizo un cameo en su ciudad natal de Miami y ayudó a Mick Foley contra La Résistance. Más tarde, en 2004, organizó un concurso de comer tartas, como parte de la WWE Diva Search, y terminó el segmento dando a Coachman un *People's Elbow*. El contrato de The Rock con la WWE finalizó entonces y comenzó su carrera como actor a tiempo completo.

**Apariciones fuera de la lucha libre (2007-2009)**

El 12 de marzo de 2007, The Rock apareció en un programa de la WWE después de casi tres años, a través de una promo pregrabada mostrada durante *Raw*. Predijo correctamente que Bobby Lashley derrotaría a Umaga en WrestleMania 23 en la "Batalla de los multimillonarios" de Donald Trump y Vince McMahon. El 29 de marzo de 2008, Johnson incluyó a su padre Rocky Johnson y a su abuelo Peter Maivia en el Salón de la Fama de la WWE. Su siguiente aparición fue a través de una promo pregrabada el 2 de octubre de 2009, durante la *Década de SmackDown*.

**Circuito independiente (2009)**

El 30 de septiembre de 2009, The Rock apareció en un espectáculo de World Xtreme Wrestling (WXW) para apoyar el debut en la lucha libre profesional de Sarona Snuka, la hija de su viejo amigo y mentor Jimmy Snuka.

**Volver a WWE**

El 14 de febrero de 2011, The Rock fue anunciado como el anfitrión de WrestleMania XXVII el 3 de abril de 2011, apareciendo en vivo en *Raw* por primera vez en casi siete años. Durante una larga promoción, se dirigió a los fans y comenzó un feudo con John Cena. Tras numerosas apariciones vía satélite, The Rock apareció en directo en *Raw* antes de WrestleMania XXVII para enfrentarse a Cena. Después de que él y Cena intercambiaran insultos, The Miz y Alex Riley aparecieron y atacaron a The Rock; él se defendió de Miz y Riley, sólo para que Cena lo sorprendiera con un *ajuste de actitud*.

El 3 de abril, en WrestleMania XXVII, The Rock abrió el espectáculo con una promo. Después de aparecer en numerosos segmentos tras bastidores, la Roca llegó a ringside para reiniciar el evento principal entre Cena y The Miz como un combate sin descalificación, después de que había terminado en empate. Como venganza por el *ajuste de actitud* que Cena le había dado en *Raw*, Rock golpeó a Cena con el *Rock Bottom*, permitiendo que The Miz lo inmovilizara y retuviera el Campeonato de la WWE. Después del combate, Rock atacó a Miz y le golpeó con el *People's Elbow*. La noche siguiente en *Raw*, The Rock y Cena acordaron un combate en WrestleMania XXVIII al año siguiente. A continuación, trabajaron juntos para repeler un ataque de The Corre, que en ese momento estaba formado por Wade Barrett, Heath Slater, Justin Gabriel y Ezekiel Jackson.

The Rock apareció en directo en *Raw*, en Miami, su ciudad natal, para celebrar su 39 cumpleaños. El 16 de septiembre, la WWE anunció que The Rock lucharía en un combate tradicional de 5 contra 5 en Survivor Series, formando equipo con Cena en Survivor Series en noviembre. Pero en el episodio del 24 de octubre de *Raw*, Cena sugirió a The Rock que fuera su compañero en un combate estándar por equipos contra The Miz y R-Truth, un equipo llamado Awesome Truth, a lo que Rock accedió la semana siguiente. El 14 de noviembre, durante el especial *Raw Gets Rocked*, The Rock apareció en directo, entregando *Rock Bottoms* a Mick Foley, que había estado presentando un segmento al estilo "This Is Your Life" para Cena, y más tarde a ambos miembros de Awesome Truth. The Rock y Cena derrotaron a Awesome Truth el 20 de noviembre en Survivor Series, cuando The Rock venció a The Miz. Tras el combate, The Rock propinó a Cena un *Rock Bottom*.

Antes de WrestleMania, The Rock y Cena tuvieron varios enfrentamientos verbales en *Raw*. En el episodio del 12 de marzo de 2012 de *Raw*, The Rock presentó su primer segmento "Rock Concert" desde 2004, burlándose de

Cena en sus canciones. El 1 de abril, en WrestleMania XXVIII, The Rock derrotó a Cena en el evento principal después de contrarrestar el intento de Cena de un *People's Elbow* en un *Rock Bottom* y pinning Cena. Este acontecimiento batió el récord de mayor número de espectadores de pago por visión de la lucha libre profesional. La noche siguiente en *Raw*, The Rock elogió a Cena, llamando a su partido "un honor". A continuación, prometió volver a convertirse en campeón de la WWE.

El 23 de julio, en *Raw 1000*, The Rock anunció que lucharía por el Campeonato de la WWE en el pay-per-view Royal Rumble. Durante el programa, se encontró con el entonces Campeón de la WWE CM Punk, Daniel Bryan y John Cena, quienes expresaron su deseo de enfrentarse a él. The Rock más tarde salvó a Cena de un asalto de Big Show, sólo para ser derribado por CM Punk. En el episodio del 7 de enero de 2013 de *Raw*, The Rock regresó para enfrentarse a su oponente del Royal Rumble CM Punk. El 11 de enero, hizo su primera aparición en *SmackDown* en diez años, metiéndose en un altercado con el equipo Rhodes Scholars, lo que resultó en la entrega de un *Rock Bottom* a Damien Sandow y un *People's Elbow* a Cody Rhodes. The Rock cerró el episodio del 20 aniversario de *Raw*, el 14 de enero, con uno de sus "Conciertos de Rock", lo que llevó a una pelea con CM Punk. La semana siguiente en *Raw*, The Rock fue atacado por The Shield. Vince McMahon afirmó entonces que si

The Shield atacaba a The Rock en su combate por el título con CM Punk, Punk sería despojado del Campeonato de la WWE.

El 27 de enero, en el Royal Rumble, CM Punk aparentemente derrotaría a The Rock después de que las luces de la arena se apagaran y alguien atacara a The Rock. Vince McMahon entonces salió y estaba a punto de despojar a Punk del campeonato, sin embargo, a petición de la Roca, en su lugar reinició el partido. Esto culminó en la Roca derrotar a Punk para ganar su octavo Campeonato de la WWE. Punk recibió una revancha por el título con la Roca, en Elimination Chamber el 17 de febrero de 2013, con la estipulación añadida de que si la Roca fue descalificado o contado hacia fuera, él todavía perdería el Campeonato de la WWE. La Roca pin Punk para retener el campeonato. La noche siguiente en *Raw*, The Rock dio a conocer un nuevo diseño del Campeonato de la WWE, con una placa central diferente y placas laterales personalizables extraíbles que tenían su logotipo "Brahma Bull". The Rock reanudó entonces su rivalidad con John Cena, que ganó el Royal Rumble de ese año para establecer una revancha del anterior combate de WrestleMania entre ambos en WrestleMania 29, sólo que esta vez con el Campeonato de la WWE en juego.

El 7 de abril, en WrestleMania 29, The Rock perdió el Campeonato de la WWE ante Cena, poniendo fin a su reinado de 70 días. A pesar de haber sido anunciado para *Raw* después de WrestleMania, donde se afirmaba que The Rock aún tenía derecho a una revancha por el Campeonato de la WWE, The Rock no apareció debido a una lesión real sufrida durante su combate con Cena, en el que sus tendones abdominales y aductores se desgarraron de su pelvis. Johnson fue operado el 23 de abril para volver a unir los tendones desgarrados.

**Apariciones esporádicas (2014-2023)**

En abril de 2014, The Rock apareció en el segmento de apertura de WrestleMania XXX junto a Stone Cold Steve Austin y Hulk Hogan. En el episodio del 6 de octubre de *Raw*, The Rock hizo una aparición sorpresa para enfrentarse a Rusev y Lana; esto dio lugar a que The Rock expulsara a Rusev del ring.

The Rock apareció en el evento Royal Rumble 2015 el 25 de enero de 2015, durante el combate principal, donde ayudó a su pariente Roman Reigns a defenderse de Big Show y Kane después de que Reigns los eliminara del combate. Reigns ganó entonces el combate y The Rock le apoyó en el ring. The Rock apareció en WrestleMania 31 el 29 de marzo de 2015, junto a Ronda Rousey, metiéndose en un altercado en el ring con Triple H y Stephanie McMahon. Rock y Rousey se impusieron después de que él atacara a Triple H y ella dominara a McMahon. El 27 de junio, The Rock apareció en un evento en vivo en Boston, donde se enfrentó a Bo Dallas y le dio un *Rock Bottom*.

En el episodio del 25 de enero de 2016 de *Raw*, The Rock participó en un segmento en el que conversó con The Miz, Big Show, Lana y Rusev antes de que él y sus familiares, The Usos, se enzarzaran en un altercado con los entonces campeones Tag Team de la WWE, The New Day. The Rock apareció en WrestleMania 32 el 3 de abril de 2016, donde anunció que WWE había batido el récord histórico de asistencia a WrestleMania antes de ser interrumpido por The Wyatt Family. The Rock se enzarzó en un tira y afloja verbal con Bray Wyatt antes de tener un combate improvisado con Erick Rowan, miembro de la Wyatt Family. The Rock ganó después de darle a Rowan un *Rock Bottom* y aplastarlo en seis segundos, lo que estableció el récord de la victoria más rápida en la historia de WrestleMania. The Rock fue entonces ayudado por un John Cena que regresaba para defenderse de Wyatt, Rowan y Braun Strowman. En el episodio del 20 de febrero de 2017 de *Raw*, The Rock hizo una aparición no televisada después de que la emisión hubiera salido del aire, donde promocionó y filmó una escena para su entonces próxima película *Fighting with My Family*.

El 3 de agosto de 2019, The Rock anunció oficialmente su retiro de la lucha libre profesional. El 30 de septiembre de 2019, después de semanas de especulación, The Rock anunció que aparecería en el 20 aniversario de *SmackDown* el 4 de octubre de 2019, marcando su primera aparición en SmackDown desde octubre de 2014 y su primera aparición televisada desde abril de 2016. En el evento, cortó una promo con Becky Lynch antes de que fueran interrumpidos por King Corbin. Después de atacar a Corbin, The Rock y Lynch celebraron en el ring.

El 15 de septiembre de 2023, The Rock hizo un regreso sorpresa a SmackDown para eliminar a Austin Theory. Esto marca su primera aparición televisada en WWE desde el 4 de octubre de 2019.

**Impact Wrestling (2020)**

The Rock hizo una aparición en Bound for Glory 2020 de Impact Wrestling el 20 de octubre de 2020 en Nashville a través de un mensaje de vídeo grabado para inducir a Ken Shamrock en el Salón de la Fama de Impact.

**La corriente dominante**

The Rock apareció en el sencillo "It Doesn't Matter" de Wyclef Jean en 2000 y en su vídeo musical. También grabó "Pie" con Slick Rick para *WWF The Music, Vol. 5*.

En 1999, Johnson apareció en *That '70s Show* como su padre Rocky Johnson. Al año siguiente, apareció en *Star Trek: Voyager* como un luchador alienígena que utilizaba los movimientos de The Rock.

En 2000, presentó por primera vez *Saturday Night Live (*SNL). Sus compañeros Triple H, Big Show y Mick Foley también aparecieron en el programa. Johnson ha dicho que el éxito de ese episodio fue la razón por la que empezó a recibir ofertas de los estudios de Hollywood. Desde entonces, ha actuado en SNL cuatro veces más.

En 1999, la Roca figuró en el número 5 de la lista de los 12 mejores artistas del año de *Entertainment Weekly*. En 2000, *Access Hollywood* le situó en el puesto número seis de su lista de los 10 famosos del año 2000. Ese año, la Roca también figuró en la lista Forbes Celebrity 100 y en la de las 25 personas más intrigantes de la revista *People*.

The Rock apareció en la lista de las 101 personas más influyentes de *Entertainment Weekly en* 2000 y 2001. ¡En 2001, también apareció en la lista de los 20 artistas más importantes de E! ¡En 2002, The Rock apareció en la lista de las 25 estrellas más duras de E! En 2003, fue incluido en la lista de los 200 mayores iconos de la cultura pop de VH1 y en el número 13 de la lista de las 50 estrellas de televisión favoritas de la revista *People*.

The Rock hizo una aparición sorpresa en la presentación oficial de Xbox durante el discurso de Bill Gates en el Computer Electronics Show de 2001.

Johnson debutó en el cine como el Rey Escorpión en *El regreso de la momia* (2001). La película batió el récord de recaudación en un solo día en la historia del cine, con 28.594.667 dólares. El éxito económico de la película propició el primer papel protagonista de Johnson en el spin-off El rey *escorpión* (2002). Recibió 5,5 millones de dólares por el papel y *Guinness World Records lo* nombró el actor mejor pagado en su primer papel protagonista.

The Rock ha aparecido en las portadas de muchas revistas, como *Rolling Stone*, *Entertainment Weekly* y *TV Guide*. También ha aparecido y ha sido portada de varios videojuegos.

En noviembre de 2021, su cuenta de Instagram era la cuarta más seguida del mundo, con más de 280 millones de seguidores.

**Evaluación del legado y la carrera profesional**

The Rock es considerado uno de los mejores luchadores profesionales de todos los tiempos y una de las mayores atracciones de la historia de la lucha libre. Muchos han colocado a The Rock en el "Monte Rushmore de la lucha libre profesional", entre ellos Hulk Hogan, Ric Flair y John Cena. En "Cable Visions: Television Beyond Broadcasting", la Roca fue descrita como "durante mucho tiempo, la mayor estrella de la WWE y probablemente la de mayor atractivo internacional". R. D. Reynolds afirmó en su libro "The WrestleCrap Book of Lists" que The Rock fue "la mayor estrella de la WWE desde 1999 hasta 2004".

El combate "renuncio" de The Rock con Mankind en el Royal Rumble de 1999 es famoso por su brutalidad y uno de los combates "renuncio" más populares de todos los tiempos.

The Rock protagonizó el evento de pago por visión más vendido en la historia de la WWE (WrestleMania XXVIII), el evento de pago por visión más comprado en la historia de la WWE (WrestleMania X-Seven), el *Raw con más audiencia de* la historia, el *SmackDown* con más audiencia de la historia, y formó parte del segmento por cable con más audiencia de la historia de la WWE con Mankind titulado "This is Your Life", en el que Mankind honraba a The Rock con varios regalos y reuniones. Su regreso en 2001 tuvo una audiencia de 7,1, el segmento de mayor audiencia del año. The Rock también participó en el combate más taquillero del siglo XXI cuando su defensa del Campeonato de la WWF contra Shane McMahon, el 1 de mayo de 2000, obtuvo un 8,3, convirtiéndose en el segmento más taquillero de todos los tiempos, por detrás de "This Is Your Life".

En 2011, el regreso de The Rock a un episodio de *Raw* generó una media de 4,7 millones de espectadores en Estados Unidos, con 7,4 millones sintonizando durante su promo. *Raw 1000* fue el episodio de *Raw mejor valorado* de 2012 y su segmento con CM Punk y Daniel Bryan fue el mejor valorado del programa. En 2013, la noche después de que The Rock ganara el Campeonato de la WWE por primera vez en más de una década, en Royal Rumble, *Raw* obtuvo su rating más alto de ese año.

Derivado de uno de sus eslóganes "lay the smackdown", en 1999 la WWE introdujo su segundo programa estrella, *WWE SmackDown,* que se convirtió en el segundo programa episódico semanal más longevo de la historia de la televisión. El término "smackdown" se incluyó en los diccionarios Merriam-Webster en 2007. También es conocido por popularizar el término "jabroni", derivado de "jobber", aunque originalmente fue introducido por The Iron Sheik.

The Rock ostenta el récord de mayor número de eventos principales de *Raw en un* año (38 en 2000), mayor número de eventos principales de *SmackDown* en un año (36 en 2000) y empatado con Stone Cold Steve Austin (en 2001) de mayor número de eventos principales de PPV en un año (12 en 2000).

En Survivor Series 2021, la WWE organizó una batalla real de 25 hombres para celebrar el 25º aniversario del debut de The Rock en la WWE. El combate fue ganado por Omos.

# Carrera de actor

### Comienzos de carrera (2001-2010)

Johnson entró en Hollywood y en la industria cinematográfica, convirtiéndose en una estrella inicialmente gracias a su popularidad en la lucha libre y a su notable ética de trabajo. A lo largo de su carrera, se convirtió en uno de los actores mejor pagados y con más éxito de Hollywood. Comenzó su carrera como actor en televisión mientras practicaba la lucha libre. En su primer trabajo como actor de televisión, en 1999, interpretó a su padre en un episodio de *That '70s Show* titulado "That Wrestling Show". Casi un año después, apareció en el episodio "Tsunkatse" de *Star Trek: Voyager* como un luchador alienígena que luchaba contra el popular personaje Siete de Nueve. Mientras Johnson estuvo alejado de la WWE, la empresa siguió vendiendo artículos de "The Rock" y siguió apareciendo de forma destacada en los montajes de apertura de sus programas de televisión.

Johnson comenzó en serio su carrera cinematográfica con papeles en *El regreso de la momia* (2001), *El rey escorpión* (2002), *The Rundown* (2003) y *Walking Tall* (2004). Tuvo un papel secundario en *Be Cool* (2005) como guardaespaldas con la esperanza de convertirse en actor, y fue el principal antagonista en *Doom* (2005). ¡También tuvo papeles en *Gridiron Gang (2006)*, *Reno 911! Miami (*2007) y *Southland Tales* (2006). Interpretó a un famoso y engreído jugador de fútbol americano en *The Game Plan (2007*) y al Agente 23 en *Get Smart* (2008). Presentó el Oscar a los Mejores Efectos Visuales en la 80ª edición de los premios de la Academia.

**Estrellato con papeles taquilleros (2011-2020)**

El primer gran éxito de taquilla de Johnson llegó en 2011, interpretando a Luke Hobbs en *Fast Five* (2011); la película se convirtió en la séptima más taquillera de 2011. Se dio a conocer por revitalizar franquicias cinematográficas tras encarnar a Marvin F. Hinton / Roadblock en *G.I. Joe: Retaliation* y retomar su papel de Luke Hobbs en *Fast & Furious 6* (2013), al tiempo que protagonizaba las películas de historias reales *Pain & Gain* (2013) y *Empire State* (2013). Ese mismo año, fue presentador y productor de la serie de concursos de telerrealidad de TNT *The Hero,* y ganó el premio Favorite Male Buttkicker en los Nickelodeon Kid's Choice Awards de 2013. En mayo de 2013, se anunció que sería productor ejecutivo y protagonista de *Ballers*, una serie de comedia y drama de HBO sobre jugadores de la NFL que viven en Miami. En diciembre de ese año, *Forbes lo* nombró el actor más taquillero de 2013, con sus películas recaudando 1.300 millones de dólares en todo el mundo durante el año. *Forbes* atribuyó al éxito de *Fast & Furious 6,* que recaudó 789 millones de dólares en todo el mundo, y a sus frecuentes trabajos como actor las razones principales para encabezar la lista.

Johnson interpretó al personaje principal de *Hércules* (2014) y volvió a encarnar a Luke Hobbs en *Furious 7* (2015). En 2014 presentó otra serie de telerrealidad para TNT, titulada *Wake Up Call,* en la que "echaba una mano a gente corriente que se enfrentaba a enormes retos en sus vidas" junto a expertos invitados como Rocco DiSpirito, Jillian Michaels y Josh Shipp. En 2016, Johnson coprotagonizó con Kevin Hart la comedia de acción *Central Intelligence* y tuvo un papel protagonista en la película de animación de Disney *Moana,* en la que puso voz al semidiós polinesio Maui. Retomó su papel de Luke Hobbs en *The Fate of the Furious*, que se estrenó en 2017. Johnson protagonizó otros dos éxitos de taquilla ese año, *Baywatch* y *Jumanji: Bienvenidos a la jungla* como Mitchell "Mitch" Buchannon y el Dr. Smolder Bravestone, respectivamente. En 2018, protagonizó las películas de acción *Rampage* y *Skyscraper*.

El papel de Johnson en la franquicia *Fast & Furious* continuó con *Fast & Furious Presents: Hobbs & Shaw*, junto a su compañero de reparto Jason Statham. David Leitch dirigió el proyecto a partir de un guion coescrito por el guionista de la franquicia Chris Morgan y Drew

Pearce. La película comenzó la fotografía principal en septiembre de 2018 y se estrenó el 26 de julio de 2019. Johnson retomará su papel en *Hobbs & Shaw 2* tras no aparecer en *F9* y tampoco regresar en *Fast X* o *Fast & Furious 11*. En mayo de 2023, se informó de que haría un cameo durante una escena post-créditos de *Fast X*. Johnson retomó su papel de Bravestone, en *Jumanji: The Next Level*. Con el éxito de crítica y financiero de *Bienvenidos a la jungla*, la producción de la película comenzó a principios de 2019, y se estrenó el 13 de diciembre de 2019.

**Expansión de la carrera (2021-presente)**

En 2021, Johnson coprotagonizó junto a Emily Blunt *Jungle Cruise*, de Disney, en el papel de Frank Wolff. La película está basada en la atracción del parque temático del mismo nombre. Jaume Collet-Serra dirigió, con un guion de Michael Green a partir de uno previo de J. D. Payne y Patrick McKay. Además de su trabajo en la película, Johnson colaboró en el rediseño de la atracción titular para todos los parques temáticos de Disney. *Jungle Cruise* se estrenó el 30 de julio de 2021. También en 2021, Johnson protagonizó la película de Netflix *Red Notice*, escrita y dirigida por Rawson Marshall Thurber. Es la tercera vez que ambos colaboran, tras *Central Intelligence* y *Skyscraper*. Está coprotagonizada por Gal Gadot y Ryan Reynolds.

Johnson destaca por su apretada agenda y por desarrollar múltiples proyectos a la vez. Se ha anunciado que la secuela de la taquillera *San Andreas se encuentra en fase de* preproducción y que el director de la primera película, Brad Peyton, volverá como director junto con el reparto principal (lo que supone la cuarta colaboración entre ambos tras *Journey 2, San Andreas* y *Rampage*).

El 14 de noviembre de 2019, anunció una fecha de estreno de diciembre de 2021 para la película independiente de *Black Adam*. La producción de *Black Adam* comenzó a rodarse en abril de 2021 y su estreno está previsto para el 21 de octubre de 2022. Ganó 22,5 millones de dólares por protagonizar la película y recibió millones más por producirla y promocionarla en las redes sociales.

Johnson es miembro de la Academia de las Artes y las Ciencias Cinematográficas en la rama de actores desde 2017.

El 16 de marzo de 2021 apareció por primera vez como La Fundación en Fortnite Battle Royale. En un principio, no se acreditó a Johnson en su papel, pero se insinuó su participación en una críptica publicación de Instagram compartida el día del evento. Tras otro vídeo de Instagram para la bebida energética ZOA de Johnson, en el que el casco y el arma de The Foundation aparecían sutilmente de fondo, su participación se confirmó finalmente durante el evento final del capítulo 2 el 4 de diciembre de 2021, cuando The Foundation se quitó el casco para revelar que compartía la voz y el parecido de Johnson.

En mayo de 2023, Johnson retomó su papel de Luke Hobbs en un cameo durante la escena de mitad de los créditos de *Fast X*.

DWAYNE JOHNSON
HERCULES
DWAYNE JOHNSON
HERCULES

# Productor

En 2012, Johnson fundó su productora Seven Bucks Productions.

Aunque en un principio Johnson iba a ser productor y protagonista, ahora lo será únicamente de la adaptación cinematográfica de *La Directiva Janson*. John Cena será el protagonista y Akiva Goldsman el guionista. Además, producirá y protagonizará una película exclusiva de Netflix titulada *John Henry & The Statesmen*, en la que interpretará al héroe folclórico titular. La película estará dirigida por Jake Kasdan, a partir de un guión de Kasdan y Tom Wheeler. Con el primer teaser tráiler oficial lanzado en octubre de 2018, el proyecto marca la tercera colaboración de Kasdan y Johnson, después de *Jumanji: Bienvenidos a la jungla* y *Jumanji: El siguiente nivel*.

En 2019, Johnson produjo y apareció como él mismo en *Fighting with My Family*, una comedia dramática sobre Paige y su familia, que también son luchadores profesionales.

Johnson coproducirá y protagonizará *The King*, una película sobre el rey Kamehameha Kūnuiākea, fundador y primer gobernante del Reino de Hawai'i. El proyecto será dirigido por Robert Zemeckis a partir de un guión de Randall Wallace. La película tendrá un tono comparable al de *Braveheart*, dado el trabajo de Wallace en ambas películas, y describirá el papel del rey en la resolución de las guerras entre las islas de Hawai'i. Estaba previsto que la producción de *The King* comenzara en 2020, pero la pandemia de COVID-19 la paralizó. Johnson también producirá y protagonizará la secuela de *Big Trouble in Little China,* así como un proyecto en desarrollo con Shane Black centrado en una nueva interpretación de Doc Savage.

En 2021, su serie biográfica de comedia y drama *Young Rock* comenzó a emitirse en la NBC.

En enero de 2017 se anunció el desarrollo de una película centrada en Teth-Adam/Black Adam, parte del Universo Extendido de DC. En septiembre de 2014 fue elegido para el papel de antagonista en una película centrada en el superhéroe Billy Batson/Shazam, pero su papel de villano en Shazam*! se* transformó en dos películas separadas. Johnson no apareció en *Shazam*, pero ejerció de productor y su imagen se utilizó mediante efectos especiales en escenas retrospectivas.

# Otros trabajos

En 2000, Johnson publicó su autobiografía, *The Rock Says...*, coescrita con Joe Layden. Debutó en el número 1 de la lista de best sellers del New York Times y permaneció en ella durante varias semanas.

En 2013, Johnson presentó y produjo la serie de telerrealidad de TNT *The Hero*. En 2014, presentó otro reality de TNT, *Wake Up Call*. En 2019, Johnson empezó a presentar la serie de competición de la NBC *The Titan Games*.

En marzo de 2016, Johnson se asoció con el fabricante estadounidense de ropa de fitness Under Armour para lanzar "Project Rock". El primer artículo de su colaboración con Under Armour, una bolsa de deporte, se agotó en un par de días. Su segunda prenda, una camiseta negra con su característico "toro de Brahma", se agotó después de lucirla en WrestleMania 32. Johnson también lanzó una aplicación despertador como parte del "Proyecto Rock" que recibió más de un millón de descargas en su primera semana de lanzamiento. Desde entonces, ha lanzado zapatillas, auriculares y otras prendas de vestir.

En 2016, Johnson puso en marcha su canal de YouTube. Su primer vídeo, *The YouTube Factory*, contó con la presencia de Lilly Singh y otras estrellas de Internet.

En 2019, Johnson anunció que lanzaría un espectáculo competitivo de culturismo, "Athleticon", con su socio comercial y exesposa Dany García. Está destinado a rivalizar con otros espectáculos de culturismo de larga data, como The Arnold Classic y Mr. Olympia de Joe Weider. El espectáculo iba a debutar en octubre de 2020 en Atlanta, Georgia, pero los planes se vieron interrumpidos por la pandemia de COVID-19.

En marzo de 2020, Johnson lanzó el Tequila Teremana, que vendió 600.000 cajas de nueve litros en su primer año.

Fan del rapero Tech N9ne, Johnson aparece en la canción "Face Off" del álbum *Asin9ne de* 2021 del rapero.

# Activismo y filantropía

Johnson asistió a la Convención Nacional Demócrata de 2000 como parte de la campaña no partidista de la WWE "Smackdown Your Vote", cuyo objetivo era influir en los jóvenes para que votaran. También intervino en la Convención Nacional Republicana de 2000.

Johnson votó a Barack Obama en las elecciones presidenciales de 2008 y 2012. No votó en las elecciones de 2016 y es un votante independiente desde 2017. Apoyó a Joe Biden en las elecciones presidenciales de 2020. Johnson ha expresado su interés en presentarse él mismo a las elecciones presidenciales, y en febrero de 2021 declaró a *USA Today*: "Consideraría una candidatura presidencial en el futuro si eso es lo que la gente quiere". A raíz de una encuesta de opinión pública en línea que reveló que el 46% de los estadounidenses consideraría votar por Johnson en unas elecciones presidenciales, dijo en una entrevista el 12 de abril de 2021 en *The Today Show:* "Tengo el objetivo de unir a nuestro país y también siento que si eso es lo que la gente quiere, entonces lo haré".

En 2006, Johnson fundó la Dwayne Johnson Rock Foundation, una organización benéfica que trabaja con niños en situación de riesgo y con enfermedades terminales. El 2 de octubre de 2007, él y su entonces esposa, Dany García, donaron un millón de dólares a la Universidad de Miami para apoyar la renovación de sus instalaciones de fútbol. La universidad rebautizó el vestuario de los Hurricanes en honor de Johnson. En 2015, Johnson donó 1.500 dólares a un GoFundMe para pagar la cirugía de un perro abandonado. En 2017, donó 25.000 dólares a los esfuerzos de socorro del huracán Harvey. En 2018, Johnson donó un gimnasio a una base militar en Oahu, Hawái. Tras las inundaciones de Hawái de 2018, colaboró con Malama Kauai, una organización sin ánimo de lucro, para ayudar a reparar los daños causados por las inundaciones. Johnson también ha colaborado con Make-A-Wish Foundation en varias ocasiones.

En julio de 2023, Johnson hizo una donación de siete cifras a la Fundación SAG-AFTRA durante la huelga SAG-AFTRA de 2023, que el presidente de la fundación Courtney B. Vance citó como "la mayor donación individual que (la fundación) ha recibido de un individuo a la vez".

# Vida privada

Johnson conoció a Dany García, compañera de estudios en la Universidad de Miami, a principios de la década de 1990. Se casaron el 3 de mayo de 1997. Ella es empresaria, culturista profesional de la IFBB y productora. Su hija, Simone, nació el 14 de agosto de 2001. El 1 de junio de 2007, Johnson y García anunciaron su separación amistosa, que finalizó en mayo de 2008.

En 2007, Johnson empezó a salir con Lauren Hashian, hija del batería de Boston Sib Hashian. Se conocieron en 2006 mientras Johnson rodaba *The Game Plan*. Se casaron el 18 de agosto de 2019 en Hawái. Tienen dos hijas. Johnson y Hashian viven en Los Ángeles, también mantienen una granja en Virginia y una casa en Southwest Ranches, Florida.

En reconocimiento a su servicio al pueblo samoano, y por ser descendiente de jefes samoanos, Johnson recibió el título nobiliario de *Seiuli* (que significa hijo de Malietoa [*Alo o Malietoa*]) de manos de Malietoa Tanumafili II durante su visita a ese país el 9 de agosto de 2004. En 2009 obtuvo la nacionalidad canadiense por el nacimiento de su padre y la ciudadanía de ese país. En 2003 se hizo un tatuaje pe'a samoano parcial en el costado izquierdo. En 2017, se hizo el pequeño tatuaje del "toro de Brahma" en el brazo derecho cubierto con un tatuaje más grande de media manga con el cráneo de un toro.

En febrero de 2020, la WWE anunció que Simone, la hija de Johnson, había comenzado a entrenar en el WWE Performance Center, lo que la convertía en la primera luchadora de la WWE de cuarta generación. El 16 de mayo, Johnson anunció que había firmado un contrato con WWE, y en mayo de 2022 anunció que su nombre en el ring sería Ava Raine. Desde entonces ha aparecido en la marca NXT.

# Discografía

**Campeonatos y logros**

- ***Pro Wrestling Illustrated***
  - Partido del Año (1999) contra Mankind en un combate "I Quit" en Royal Rumble.
  - Partido del Año (2002) contra Hollywood Hulk Hogan en WrestleMania X8
  - Luchador más popular del año (1999, 2000)
  - Luchador del año (2000)
  - Clasificado nº 2 de los 500 mejores luchadores individuales en el *PWI 500* en 2000
- **Asociación de Lucha Libre de Estados Unidos**
  - USWA World Tag Team Championship (2 veces) - con Bart Sawyer
- ***Boletín del Observador de la Lucha Libre***
  - Mejor sorteo de taquilla (2000, 2011, 2012)

- Mejor truco (1999)
- Mejor en las entrevistas (1999, 2000)
- Más carismático (1999-2002, 2011, 2012)
- La más mejorada (1998)
- Salón de la Fama del Wrestling Observer Newsletter (Promoción de 2007)

- **WWE/World Wrestling Entertainment/Federación**
  - Campeonato de la WWE (8 veces)
  - Campeonato de la WCW (2 veces)
  - Campeonato Intercontinental de la WWF (2 veces)
  - WWF Tag Team Championship (5 veces) - con Mankind (3), The Undertaker (1) y Chris Jericho (1)
  - Royal Rumble (2000)
  - Sexto Campeón de la Triple Corona
  - Torneo por el Campeonato de la WWF de los Juegos Mortales (1998)
  - Premio Slammy (9 veces)

- Mejor actor (2014)
- Game Changer of the Year (2011) - con John Cena
- Adivina quién ha vuelto o: El Regreso del Año (2011)
- ¡LOL! Momento del año (2012, 2013) - insultar a John Cena usando la historia de Boston, Massachusetts, Concierto de Rock en el episodio del 20 aniversario de *Raw*.
- Partido del año (2013) - contra John Cena por el Campeonato de la WWE en WrestleMania 29.
- Nueva sensación (1997)
- "Dime que no acabas de decir eso" Insulto del año (2014): insultar a Rusev y Lana.
- Momento "This is Awesome" del año (2015) - con Ronda Rousey.

# Otros libros de United Library

**https://campsite.bio/unitedlibrary**

SCAN ME

Milton Keynes UK
Ingram Content Group UK Ltd.
UKHW021002071123
432124UK00018B/852

# NOT ON YOUR NELLY!

## Sketches of Australian Wildlife with Classic Aussie Sayings

Compiled and Drawn
by

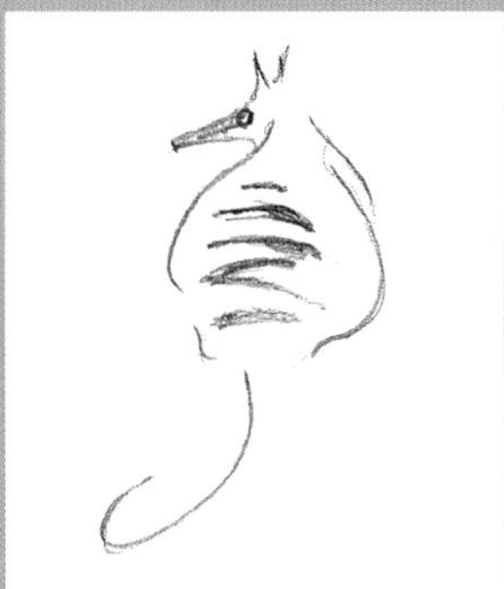

Lynne Tinley

**Dedicated to....**

*The wilds of Australia and the birds and animals that belong there.*


ISBN 0-9751952-0-4

Second edition 2005.

Published by:
Lynne Tinley, Perth, Western Australia.
lynnet@compwest.net.au

Design by: Damian Wilson

Printed by:
Daniels Printing Craftsmen, Perth, Western Australia.
The paper in this book is chlorine free and obtained from sustainable plantation sources.

# Preface

During twenty years of living and travelling in Australia I have drawn and painted the wildlife around me as I did in earlier years in Africa. I have been fortunate to be able to draw the animals which appear in this book from life and so capture something of their natural movement and grace.

It is not only the beauty of these beasts which appeals, but the comedy; the ungainly roo, the ragged frogmouth fledgeling, the surprised face of the emu with it's punk hairdo; the red clown-feet and bill of the swamphen.

So when I began to plan a book of my animal sketches it was natural that I look for 'text' which would accentuate the humour of the drawings. The 'true blue' Aussie sayings, so evocative of the early frontier communities of this country, are often hilarious, and always strange to a visitor's ear. It is fitting too perhaps that unique sayings, rare and endangered in present day Australian culture, are paired with native fauna many of which are under threat by present day conditions and developments on this island continent.

As I set about choosing the slang phrases I did not attempt to illustrate them but rather chose phrases which best suit my favourite drawings and which in a humorous or ironic way bring out some characteristic of each animal. And at times Bingo! a counterpoise seems to happen between the sublimity of nature and the quirkiness of the colloquial sayings!

So for all who open this little book I am hoping that it will communicate my sense of delight and joy in the natural life of Australia and that it might, just possibly, enliven a similar affection in your own hearts.

*Lynne Tinley*

# As happy as a possum up a gumtree:

*in a state of great happiness.*

*4: Brush-tailed Possum.*

# Australian salute:

*the movement of hand and arm to keep flies from one's face.*

# *Land where the crow flies backwards:*

*the remote outback.*

6: *Kangaroo and Crow.*

# Flat out like a lizard on a log:

*extremely busy; travelling, or working 'flat out'.*

*7: Unidentified Dragon.*

# Stir the possum:

*to instigate a debate on a controversial topic, especially in the public arena; create a disturbance.*

*8: Brush-tail Phascogale.*

# Heard it on the mulga wire:

*word of mouth; bush wire; bush telegraph.*

*9: Cockatiels.*

# The life of Riley:

*a life of ease and luxury.*

*10: Red Kangaroo.*

# G'DAY MATE:

*a conventional expression used at a meeting or a parting during the day.*

*11: Jabiru Storks.*

Ask no questions,
tell no lies,
open your mouth
and catch the flies.

*12: An Unidentified Frog.*

Not on your nelly!

...absolutely not!

*13: Female Red-tailed Black Cockatoo.*

# Miserable as a bandicoot on a burnt ridge:

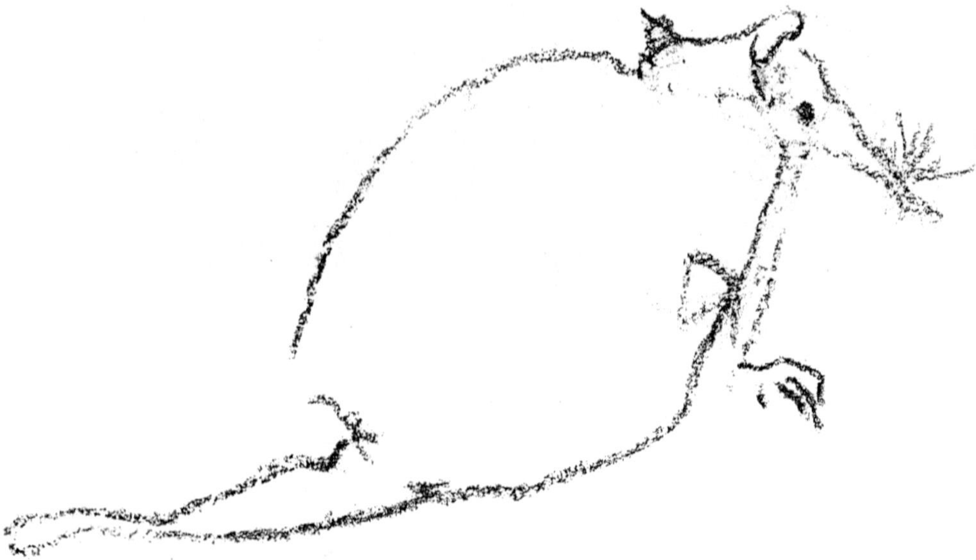

*lonely and forlorn.*

*14: Quenda (Southern Brown Bandicoot).*

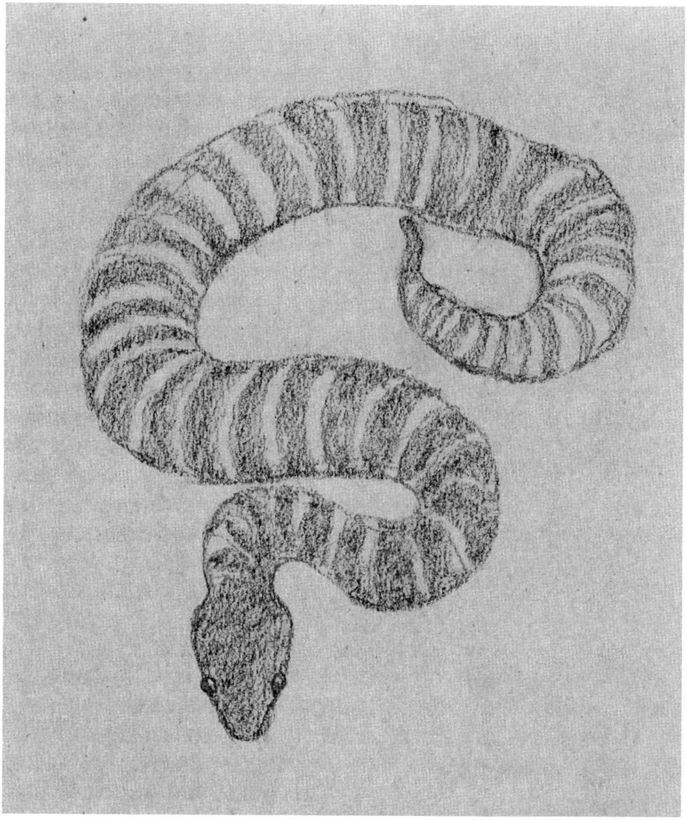

## *Have a death adder in one's pocket:*

*exceptionally mean; stingy; miserly.*

*15: Pilbara Death Adder.*

# Fair dinkum:

*true, genuine.*

# True blue:

*loyal, faithful, genuine.*

*17: Splendid Fairy Wren.*

# *QFRTB:*

*quite full, ready to burst - said after one has had ample to eat.*

*18: Numbat and Termites.*

# Blow-ins:

*unexpected or uninvited guests.*

*19:Welcome Swallows.*

# TO PUT ONE'S BEST FOOT FORWARD:

*to make as good an impression as possible.*

*20: Purple Swamp-hen.*

# Woop-woop pigeon:

*another name for a Kookaburra.*

*21: Laughing Kookaburra.*

# Strewth!

*an exclamation expressing surprise or verification.*

*22: Honey Possum.*

# *Rattle your dags!*

get going! hurry up!
(Dags refer to the matted wool around a sheep's tail.)

*23: Leafy Sea-dragon.*

Drop in for a cuppa and a yam.

24: Honey Possum.

*I'd like to have that nose full of gold-dust!*

...said of a person with a big nose.

25: Purple Swamp-hen.

# HAD A ROUGH TROT:

*a spell of bad luck or misfortune.*

*26:Young Frogmouth.*

# *To blow one's own trumpet:*

*to boast or show off.*

*27: Black Swan.*

# *Gumleaf mafia:*

any group of Australian expatriates.

*28: A Karri gum leaf.*

# To push up zeds:

....to go to sleep.

29:Young Koala.

# As game as Ned Kelly:

*highly courageous, willing to tackle big odds.*

*30:Willy-wagtails (Chiddy-chiddy).*

# *Hair like a bushpig's backside:*

*wild, untidy, frizzy, hard-to-manage hair.*

*31:Wedge-tail Eagle Chick.*

# Too right!

*an emphatic expression of agreement.*

*32: Brush-tailed Phascogale.*

# *A long streak of pelican poo:*

*a very tall thin person.*

*33: Australian Pelican.*

# GREAT GALLOPING GOANNA!

*an expression of surprise, amazement.*

*34: Frill-neck Lizard.*

# *Got a few kangaroos in the top paddock:*

*not in full control of one's faculties.*

*35:Western Grey Kangaroos.*

# *Ratbag:*

*a rascal; rogue; a person of eccentric or nonconforming ideas or behaviour.*

*36: Chuditch (Western Quoll).*

# DINGO'S DINNER:

*a bit of a sniff and a scratch around - an expression offered to a hungry family when food is scarce in the house.*

*37: A Dingo Pup.*

# Pissed as a Parrot:

very drunk.

*38: Little Corella.*

# *To do a scarper:*

*to run away; depart suddenly, especially leaving behind debts or other commitments.*

*39: Lozenge-marked Dragon.*

# *Pelican's breakfast:*

*attention to various basic needs upon waking, as a drink of water, a good look around, urination, a wash and a scratch, but not usually including eating.*

*40: Australian Pelican.*

# Fly by **NIGHT:**

*irresponsible; not to be trusted; a person who leaves secretly at night in order to avoid paying his debts; one who lives a gay night-life.*

41: Southern Boobook Owl.

# Bright eyed and bushy tailed:

*full of health and good spirits.*

*42: Numbat.*

# Bald as a bandicoot:

*extremely bald.*

*43: Quenda (Southern Brown Bandicoot).*

# To have the **willies:**

*feelings of uneasiness or fear.*

*44: Quenda (Southern Brown Bandicoot).*

# *Mad as a gum tree full of galahs:*

*quite crazy, mad.*

*45: Pink and Gray Cockatoos.*

# Stone the Crows!

*an exclamation of disbelief.*

*46: Little Crows.*

***May your chooks turn into emus and kick your dunny door down:***

*a general term of abuse or derision.*

# *Giving it some* **herbs:**

*to accelerate; to travel at top speed.*

*48: Father Emu and family.*

# *JOEY:*

*a baby kangaroo; a young child; a minor lie or evasion; a fraud.*

*49:Young Red Kangaroo.*

# Stunned mullet:

*in complete bewilderment or astonishment; in a state of inertia.*

*50: Darter and Fish.*

# *She'll be right mate:*

*an expression of confidence that everything will go well.*

*51: Brush-tailed Phascogales.*

# A mob:

*a large number of people, animals or things.*

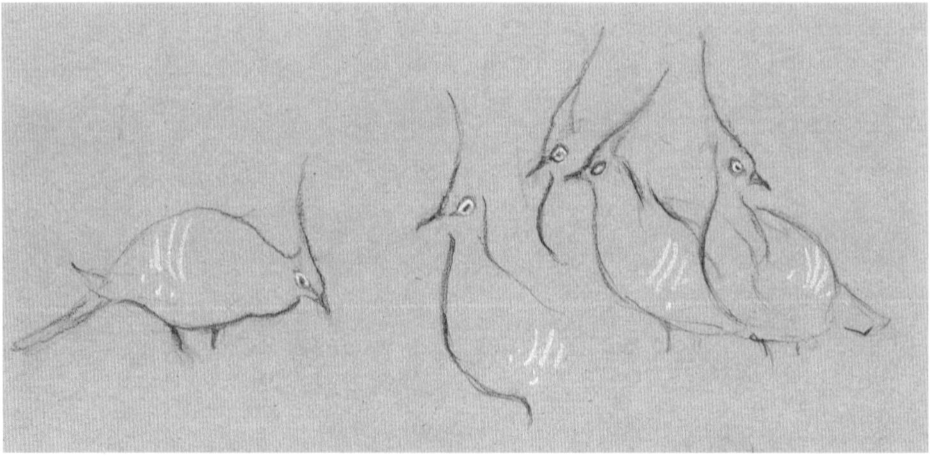

*52: Crested Pigeons.*

**Smoko:** a rest from work; tea break.

53: *Bilby (Rabbit-eared Bandicoot).*

# *Willy-willy:*

*a whirlwind.*

*54: Emu.*

# *To go walkabout:*

*to wander around the country in a nomadic manner; to be misplaced or lost; to be absent without leave.*

*55: Emu chicks.*

# Notes

Pages 8, 32, 51. The Phascogale is not often seen as it is nocturnal. These drawings were done from two young orphans reared by a friend of mine. Like a cross between a squirrel and a dormouse, these delightful little animals are still to be found in the dwindling forests of the South West of Australia.

Pages 14, 43,44. The Quenda can grow to the size of a large rabbit. Like most of the Australian small native fauna they are at great risk of predation by feral cats and foxes. They live in thickets and wetlands in the South West and in the Eastern States but bush clearing and development are reducing their habitats and they are on the endangered list.

Page 53. The Bilby was once widespread in Australia but now only lives in remote desert areas. About as large as cats they are very attractive animals. I drew this specimen at the Nocturnal House at the Darwin Wildlife Centre.

Page 19. These Welcome Swallows were drawn in the bathroom of the shearer's quarters on a station in Western Australia where they were not so welcome at all!

Page 34. The Frill-necked Lizard is not a goanna but a member of the dragon family.

Pages 5, 18, 42. The Numbat used to occur right across the south of Australia. Their decline is thought to be due to feral cats and foxes. At present they are only found in the south west of Western Australia where successful breeding colonies have been established by Conservation & Land Management, WA.

Page 36. This drawing does not do the Chuditch justice! It is beautiful: sleek and cat-like in its looks, diet, and playfulness. It is nocturnal and marsupial and is now found only in the south west of Western Australia. The Chuditch is on the endangered list.

# Acknowledgments

Most of the sayings and definitions in this book were sourced from

*Aussie Talk - The Macquarie Dictionary of Australian Colloquilalisms* first published in 1984.
I would like to thank Susan Butler, the Publishing Director, for her permission to use this material.

**Other sources were:**

*The Penguin Book of Australian Slang* by Lenie Johansen first published in 1988.

*The Australian Slanguage* by Bill Hornadge and published by Mandarin Australia in 1989.

*Mammals of the South-West,* Brent Johnson & Carolyn Thomson, published by Conservation & Land Management, WA.

*Animals of Shark Bay*, Carolyn Thomson, published by Conservation & Land Management, WA.

I would like to thank my family and friends for their encouragement and valuable feedback. Special thanks to 'true-blue Aussie' Kymbo Walker for her help with some definitions!